"THIS BOOK BELONGS TO"

_____

\- - - - - - - - - - - - - - - - - -

"ਵਾਹਿਗੁਰੂ ਜੀ ਕਾ ਖਾਲਸਾ, ਵਾਹਿਗੁਰੂ ਜੀ ਕੀ ਫਤਿਹ।"

"WAHEGURU JI KA KHALSA,
WAHEGURU JI KI FATEH."

"THE KHALSA BELONGS TO WAHEGURU (GOD),
AND VICTORY BELONGS TO WAHEGURU."

*Disclaimer: The illustrations in this book are purely imaginative and intended to inspire children. They do not depict any religious beliefs or practices.

BLISSFUL SINGH'S SLEEP

ਆਨੰਦਮਈ ਸਿੰਘ ਦੀ ਨੀਂਦ, ਮੇਰੇ ਛੋਟੇ ਸਿਪਾਹੀ, ਤਾਰੇ ਝਿਮਲੇ, ਆਕਾਸ਼ ਦੇ ਸੰਗੀ। ਗੁੜੀਆਂ ਨੇ ਕਹਿਆ, "ਸੁਪਨੇ ਸਾਰੇ ਮਿਠੇ, ਨਾਨਕ ਦੀ ਗੋਦੀ ਵਿਚ, ਆਨੰਦ ਭਰੇ ਰੂਪ ਹਿਟ।"

Aanandmayi Singh di neend, mere chhote sipahi, taare jhimle, aakashi de sangi. Guddiyan ne keha, "Supne saare mithe, Nanak di godi vich, aanand bhare roop hit."

In blissful Singh's sleep, my little warrior, Stars twinkle, in celestial choir. Dolls say, "All dreams are sweet, In Nanak's cradle, joyfully replete."

SWAYING WHEAT FIELDS

ਲਹਿਰਾਤੀ ਕੰਬਲਾਂ ਵਿਚ, ਬੱਚੇਕੀਤੇ, ਰੱਬ ਦੀ ਰੱਜ, ਤੇਰੇ ਨਾਲ ਹੈ ਸਾਥ। ਗੁੜੀਆਂ ਨੇ ਬੋਲਿਆਂ, "ਨੀਂਦ ਪਾਓ ਛੋਟੇ, ਰੱਬ ਦੀ ਮਹਿਕ ਨਾਲ, ਸੁਖਦਾਇਆ ਹੈ ਰਾਤੇ।"

Lahiraati kanblān vich, bacchekīte, Rabb di raj, tere naal hai saath. Guddiyan ne boliyan, "Neend pao chhote, Rabb di mahak naal, sukhdaaya hai raate."

In swaying wheat fields, little one, God's rule is with you, setting like the sun. Dolls say, "Find your sleep, dear child, With the fragrance of God, the night is beguiled."

KHALSA'S CUDDLY CLOUDS

ਖਾਲਸਾ ਦੇ ਪਿਆਰੇ ਬੱਦਲ, ਮੇਰੇ ਪ੍ਰੀਤਮ, ਤਾਰੇ ਝਿਮਲੇ, ਆਕਾਸ਼ੀ ਚੜ੍ਹਾਈ ਵਿਚ। ਗੁੜੀਆਂ ਨੇ ਕਹਿਆ, "ਸੁਪਨੇ ਸੁਣਨੇ, ਨਾਨਕ ਦੀ ਗੋਦੀ ਵਿਚ, ਖੁਸ਼ੀ ਭਰੇ ਖਿੱਚ੍ਹ।"

Khalsa de pyaare badal, mere preetam, taare jhimle, aakashi chadai vich. Guddiyan ne keha, "Supne sunne, Nanak di godi vich, khushi bhare khich."

n Khalsa's cuddly clouds, my beloved, Stars twinkle, in the celestial above. Dolls say, "Sleep, dreams to be heard, In Nanak's cradle, where joy is stirred."

GOBIND'S GLEE

ਗੁਰੂ ਦਾ ਬਾਗ, ਮੀਠਾ ਅਤੇ ਹਰਾ, ਖ਼ੁਵਾਬ ਖਿਲੇ, ਹੰਸੀਲੀ ਬਹਾਰ ਹੈ। ਗੁੜੀਆਂ ਗਾਓ, "ਸੌਣਾ, ਪੁੱਤ, ਗੁਰੂ ਦੀ ਮਿਹਰ, ਤੇਰੀ ਨੀਂਦ ਨੂੰ ਸੰਭਾਰ।"

Guru da baag, meetha te hara, Khwaab khile, hansili bahaar hai. Guddiyan gaao, "Sona, putt, Guru di mehar, teri neend nu sambhar."

In Guru's garden, sweet and green, Dreams blossom, a joyful scene. Dolls sing, "Sleep, dear one, In Guru's grace, your sleep is spun."

AMRIT'S SWEET SLUMBER

ਅੰਮ੍ਰਿਤ ਦੀ ਮਿਠੀ ਨੀਂਦ, ਮੇਰੇ ਛੋਟੇ ਕਬੂਤਰ, ਤਾਰੇ ਝਿਮਲੇ, ਇਸ਼ਕ ਦੇ ਕਹਾਣੇ ਦੀ ਗੁਸਤਾਖੀ। ਗੁੜੀਆਂ ਨੇ ਕਿਹਾ, "ਸੁਪਨੇ ਵਿਚ ਹਸਦੇ, ਨਾਨਕ ਦੀ ਗੋਦੀ ਵਿਚ, ਆਸ਼ੀਰਵਾਦ ਵਸਦਾ ਹੈ।"

Amrit di mithi neend, mere chhote kabootar, taare jhimle, ishq de kahane di gustakhi. Guddiyan ne keha, "Supne vich hasde, Nanak di godi vich, aashirwad vasda hai."

In Amrit's sweet slumber, my little dove, Stars twinkle, with love stories to prove. Dolls say, "Sleep, laughing in dreams trove, In Nanak's cradle, where blessings rove."

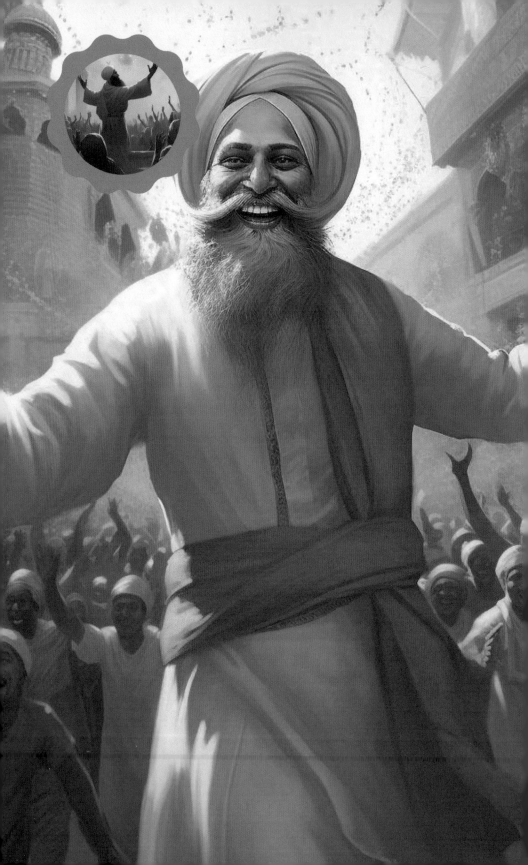

BALLE BALLE BABA Ji

ਬੱਲੇ ਬੱਲੇ ਬਾਬਾ ਜੀ, ਰੰਗ ਸਜਾਇਆ, ਚਾਁਦੁ ਤਾਰੇ ਗਾਏਂ, ਨਿੰਦਾ ਸਜਾਇਆ। ਲੱਬੋ ਲੱਬੋ ਬੱਚੇ, ਹਾਥ ਜੋੜ ਕੇ, ਨਾਨਾਕ ਦੀ ਮੋਹਬਤ, ਤੇਰੇ ਸਾਥ ਰਖੇ।

Balle Balle Baba Ji, Rang Sajaaya, Chaand Taare Gaaye, Ninda Sajaaya. Labbo Labbo Bacche, Haath Jor Ke, Nanak Di Mohabbat, Tere Saath Rakhe.

Hurray Hurray, O dear Baba Ji, Painted the sky, the moon and stars sing with glee. Little ones with folded hands, wide-eyed, Nanak's love will be by your side.

VAISAKHI'S JOY

ਵਿਸਾਖੀ ਦੀ ਖੁਸ਼ੀ, ਮੇਰੇ ਛੋਟੇ ਪੁੱਤ, ਬੈਸਾਖੀ ਦਾ ਮੇਲਾ, ਰੰਗੀਲਾ ਹਾਸ। ਗੁੜੀਆਂ ਨੇ ਬੋਲਿਆ, "ਸੋਨਾ, ਨੀਂਦ ਲੈ ਕੇ, ਨਾਨਕ ਦੇ ਚਾਰਣ ਵਿਚ, ਸੁਖ ਹੈ ਬਰਸਾਤ।"

Vaisakhi di khushi, mere chhote putt, Baisakhi da mela, rangeela haas. Guddiyan ne boliya, "Sona, neend lai ke, Nanak de charan vich, sukh hai barsaat."

Vaisakhi's joy, my little one, Baisakhi fair, colorful fun. Dolls say, "Sleep, O dear son, In Nanak's footsteps, joy in the run."

KITE'S SERENADE

ਪਤੰਗ ਦਾ ਸੇਰਨੇਡ, ਖੇਡਦੇ ਹਵਾਈਂ ਵਿਚ, ਗੁੜੀਆਂ ਨੇ ਬੋਲਿਆਂ,
"ਨੀਂਦ ਵਿਚ ਖੁਲਾਰੇ ਖੁਵਾਬ ਲੈ ਕੇ।" ਨਾਨਾਕ ਦੇ ਗੋਦੀ ਵਿਚ,
ਮੁਸਕਾਨ ਭਰ, ਰੱਬ ਦੇ ਅਸ਼ੀਰਵਾਦ ਵਿਚ, ਰੱਖੇ ਸਾਰੇ ਸਪਨੇ ਸੁਰੱਖ।

Patang da serenade, khedde havaaī vich, Guddiyan ne boliyan, "Neend vich khulaare khwaab lai ke." Nanak de godi vich, muskaan bhar, Rabb de ashirwad vich, rakhe saare sapne surakh.

In the kite's serenade, amidst the airy play, Dolls say, "Open dreams in sleep's array." In Nanak's cradle, filled with a smile so bright, May God's blessings keep all dreams secure each night.

BABA'S EMBRACE

ਬਾਬਾ ਦੇ ਆਲੇ ਵਿਚ, ਲੱਬੋ ਲੱਬੋ ਬੱਚੇ, ਚੰਡਨੀ ਦੀ ਚਾਂਦਨੀ, ਹੈ ਸੁਹਾਗਨੀ ਰਾਤੇ। ਗੁੜੀਆਂ ਨੇ ਗੋਦੀ ਵਿਚ, ਖੁਸ਼ੀਆਂ ਭਰ, ਰੱਬ ਦੇ ਇਕ ਆਸਮਾਨ ਵਿਚ, ਕਰ ਲਈ ਇਕ ਰਾਜ਼।

Baba de aale vich, labbo labbo bacche, Chaandani di chaandni, hai suhaagni raate. Guddiyan ne godi vich, khushiyan bhar, Rabb de ik aasmaan vich, kar lai ik raaz.

In Baba's embrace, little ones grow, Moonlight's glow, a blissful night's show. In the cradle of dolls, joy's embrace, In God's sky, a secret takes place.

PANTH'S PLAYFUL PILLOW

ਪੰਥ ਦਾ ਖੇਡਾਂਵਾਲਾ ਤਕਿਯਾ, ਮੇਰੇ ਪ੍ਰੀਤਮ, ਤਾਰੇ ਹੋਵੇਂ, ਆਕਾਸ਼ ਦੇ ਰੰਗ ਵਿਚ ਹਾਜਰ। ਗੁੜੀਆਂ ਕਹਿੰਦੀਆਂ ਹਨ, "ਸੁਪਨੇ ਸਾਰੇ ਹੰਸੇ, ਨਾਨਕ ਦੀ ਗੋਦੀ ਵਿਚ, ਖੇਡ ਦੀ ਚਰਚਾ ਹੋਵੇ।"

Panth da khedanwala takia, mere premi, taare hove, aakashi de rang vich hazar. Guddiyan kehndiyan han, "Supne saare hanse, Nanak di godi vich, khed di charcha hove."

In Panth's playful pillow, my beloved, Stars shine, in the celestial color's spread. Dolls say, "Sleep, laughter in every dream, In Nanak's cradle, where play is the theme."

SINGH, THE REGAL DREAMER

ਸਿੰਘ, ਰਾਜਵੰਸ਼ੀ ਸੁਪਨੇਵਾਲਾ, ਮੇਰੇ ਛੋਟੇ ਰਾਜਾ, ਤਾਰੇ ਝਿਮਲੇ, ਚੰਦਨੀ ਰਾਤ ਦੇ ਹਰਿਆਲੇ। ਗੁੜੀਆਂ ਗਾਉਂਦੀਆਂ, "ਸੌਣੇ, ਆਪਣੇ ਸੁਪਨੇ ਸਾਜ, ਨਾਨਕ ਦੀ ਗੋਦੀ ਵਿਚ, ਖੁਸ਼ੀ ਦੀ ਬਰਸਾਤ।"

Singh, raajvanshi supnevaala, mere chhote raja, taare jhimle, chandni raat de hariaale. Guddiyan gaoundiyan, "Sone, aapne supne saaj, Nanak di godi vich, khushi di barsaat."

Singh, the regal dreamer, my little king, Stars twinkle, in the moonlit swing. Dolls sing, "Sleep, weave your dreams, In Nanak's cradle, where joy streams."

TWINKLE, TWINKLE, LITTLE KAUR

ਟਵਿੰਕਲ, ਟਵਿੰਕਲ, ਲਿੱਟਲ ਕੌੜ, ਵਾਹਿਗੁਰੂ ਜੀ ਦੇ ਚਰਣ, ਕਰਦੇ ਨੀਂ ਵਾਰ। ਊਪਰ ਵਾਲੇ ਨੂੰ ਰੱਖ ਦੇ, ਛੋਟੇ ਮੁੰਡੇ, ਸੁਪਨੇ ਵਿਚ ਮਿਲਦੀਆਂ ਰੱਖ, ਭਗਵਾਨ ਦੇ ਸੁੰਦੇ।

Twinkle, twinkle, little Kaur, Waheguru Ji de charan, karde ni vaar. Upar vaale nu rakh de, chhote munde, Supne vich mildiyan rakh, Bhagwan de sunde.

Twinkle, twinkle, little Kaur, At Waheguru's feet, you're never far. Up above, keep the Almighty close, In dreams, blessings from God enclose.

GURU'S GRACEFUL NIGHT

ਗੁਰੂ ਦੀ ਕਿਰਪਾਲੂ ਰਾਤ, ਮੇਰੇ ਪ੍ਰੀਤਮ, ਤਾਰੇ ਨਚਦੇ, ਆਕਾਸ਼ ਦੇ ਸਾਥੀ। ਗੁੜੀਆਂ ਨੇ ਕਿਹਾ, "ਸੁਪਨੇ ਸਾਰੇ ਸ਼੍ਰੇਠ, ਨਾਨਕ ਦੀ ਗੋਦੀ ਵਿਚ, ਖੁਸ਼ੀ ਦਾ ਮੈਲਾ।"

Guru di kirpaalu raat, mere preetam, taare nachde, aakashi saathi. Guddiyan ne keha, "Supne saare shreshth, Nanak di godi vich, khushi da maila."

In Guru's graceful night, my beloved, Stars dance, with the sky in love. Dolls say, "All dreams are the best, In Nanak's cradle, where joy is blessed."

CELESTIAL CRADLE

ਆਕਾਸ਼ੀ ਗੋਦੀ, ਮੇਰੇ ਕੁੱਜ ਹੋ, ਤਾਰੇ ਝਿਮਲੇ, ਅਖਾਂਡ ਨਾਚ ਰੋਇ। ਗੁੜੀਆਂ ਨੇ ਬੋਲਿਆ, "ਖੁਆਬ ਬੁਣ ਰਹੇ, ਨਾਨਕ ਦਾ ਪਿਆਰ, ਸੂਰਜ ਦੇ ਨਾਲ ਆਏ।"

Aakashi godi, mere kuj ho, taare jhimle, akhand naach roi. Guddiyan ne boliya, "Khwaab bune rahe, Nanak da pyaar, sooraj de naal aaye."

In the celestial cradle, my little one, Stars twinkle, performing an endless dance of fun. Dolls say, "Dreams are in progress, Nanak's love is with the sun's caress."

EVENING HUES

ਸ਼ਾਮ ਦੇ ਰੰਗ, ਛੋਟੇ ਮੁੰਡੇ, ਗੁੜੀਆਂ ਨੇ ਬੋਲਿਆਂ, "ਸੁਪਨੇ ਵਿਚ ਹਨਸੋ ਸਾਰੇ।" ਨਾਨਾਕ ਦੀ ਗੋਦੀ ਵਿਚ, ਹੱਸਦਾ ਪੁੱਤ, ਰੱਬ ਦੀ ਕਿਰਪਾ, ਸਾਨੂੰ ਰੱਖੇ ਚੁੱਕ।

Shaam de rang, chhote munde, Guddiyan ne boliyan, "Supne vich hanso saare." Nanak di godi vich, hasda putt, Rabb di kirpa, saanu rakh chuk.

Evening hues, my little dove, Dolls say, "Laugh in dreams above." In Nanak's cradle, a giggling sight, God's grace keeps us safe each night.

LAUGHING BREEZE

ਖੁਸ਼ੀਲ ਚੰਦਨੀ ਰਾਤ, ਮੇਰੇ ਛੋਟੇ ਮੁੰਡੇ, ਤਾਰੇ ਹਸਦੇ, ਹੱਸੇ ਦੀ ਬਾਤ। ਗੁੜੀਆਂ ਨੇ ਬੋਲਿਆ, "ਸੁਪਨੇ ਸਾਰੇ ਪੂਰੇ, ਨਾਨਕ ਦੀ ਗੋਦੀ ਵਿਚ, ਖੁਸ਼ੀ ਬੀਤੋ ਪੂਰੇ।"

Khushil chandni raat, mere chhote munde, taare hasde, hasse di baat. Guddiyan ne boliya, "Supne saare poore, Nanak di godi vich, khushi beeto poore."

In jolly moonlight, my little one, Stars laugh, sharing tales of fun. Dolls say, "All dreams will come true, In Nanak's cradle, joy fills you through."

MOONLIGHT DREAMS

ਚਾਁਦਨੀ ਦੇ ਖ਼੍ਵਾਬ ਵਿਚ, ਛੋਟੇ ਮੁੰਡੇ, ਗੁੜੀਆਂ ਨੇ ਨੱਚਣਾ, ਬੋਲੇ ਚੰਡ ਰਾਤੇ। ਨਾਨਾਕ ਦੀ ਗੋਦੀ ਵਿਚ, ਸੁਖਦਾਇਆ, ਰੱਬ ਦੀ ਰਜ਼ਾ, ਤੇਰੇ ਤੇ ਆਇਆ।

Chaandni de khwaab vich, chhote munde, Guddiyan ne nachna, bole chand raate. Nanak di godi vich, sukhdaaya, Rabb di razza, tere te aaya.

In the dreams of moonlight, little one, Dolls dance and sing under the shining sun. In Nanak's cradle, blissful and warm, God's approval, in you it's formed.

TWIRLING TOPS

ਚੱਕਰੀ ਕੌੜ ਦਿਏ, ਛੋਟੇ ਮੁੰਡੇ, ਗੁੜੀਆਂ ਨੇ ਬੋਲਿਆਂ, "ਸੋਣੇ ਸੁੰਦੇ।" ਰਾਤ ਨੂੰ ਸੁਪਨੇ ਵਿਚ, ਸਾਵਧਾਨ ਰਹ, ਵਾਹਿਗੁਰੂ ਨੇ ਰੱਖਿਆ, ਤੇਰਾ ਛੋਟਾ ਰਾਹ।

Chakri Kaur Diye, Chhote Munde, Guddiyan Ne Boliyan, "Sone Sunde." Raat Nu Supne Vich, Saavdhaan Rah, Waheguru Ne Rakhya, tera Chhota Raah.

Spinning tops are twirling, little one, the dolls say, "Sleep, O dear son." In your dreams at night, stay aware, Waheguru watches over, with loving care.

KHALSA'S DREAMS

ਖਾਲਸਾ ਦੇ ਖੁਵਾਬ, ਮੇਰੇ ਪ੍ਰੀਤਮ, ਤਾਰੇ ਸਲਾਮਤ, ਰਾਤ ਹੈ ਚਾਮੰਤ। ਨਾਨਕ ਦੀ ਗੋਦੀ, ਜਿੱਥੇ ਖੁਵਾਬ ਸੁਣੇ, ਖਾਲਸਾ ਦੀ ਮਹਕ, ਰੱਬ ਦੇ ਸਨਾਨੇ।

Khalsa de khwaab, mere preetam, taare salaamat, raat hai chaamant. Nanak di godi, jithe khwaab sune, Khalsa di mahak, Rabb de sanaane.

In Khalsa's dreams, my beloved, Stars salute, night adorned. Nanak's cradle, where dreams weave, Khalsa's fragrance, in God's breeze.

ENCHANTED GARDEN

ਮੋਹਬਤ ਭਰਿਆ ਬਾਗ ਵਿਚ, ਛੋਟੇ ਮੁੰਡੇ, ਮੱਕੜਾਂ ਦੀ ਬੋਲੀ, "ਸੁਪਨੇ ਖੁਲੇ ਰੱਖ ਕੇ।" ਨਾਨਾਕ ਦੀ ਗੋਦੀ ਵਿਚ, ਹੰਸਦਾ ਬਚਾ, ਰੱਬ ਦੀ ਕਿਰਪਾ ਸਾਥ ਰੱਖੇ, ਤੇਰੇ ਸਾਰੇ ਰਾਹ।

Mohabbat bharya baag vich, chhote munde, Makkaran di boli, "Supne khule rakh ke." Nanak di godi vich, hasda bacha, Rabb di kirpa saath rakhe, tere saare raah.

In a garden filled with love, little one, Spiders say, "Keep your dreams undone." In Nanak's cradle, a giggling delight, May God's grace guide all your paths at night.

Dear Esteemed Reader,

I express my sincere gratitude to you for embracing our creation, "Sikhi Lullabies for Kids," with open hearts and inquisitive minds. This endeavor has been a labor of love, a dedication to bringing the essence of Sikh teachings to the tender hearts of young readers like yourself.

Throughout this journey, our aim has been to fill the pages not only with mere facts but also with the lively spirit of inspiration and learning. The enchanting lullabies, delightful facts, and uplifting illustrations have been carefully curated to provide an engaging and captivating experience for young minds.

Your support and appreciation hold immense significance for us. We genuinely hope that these Sikh lullabies ignite curiosity, nurture the flame of knowledge, and serve as a delightful gateway into the profound teachings of Sikhism. If you have found value in these pages, your thoughts shared in the form of a review would be deeply cherished. Your feedback is not just a review; it's a meaningful dialogue that propels us forward.

Remember, "Sikhi for Young Hearts" extends beyond being a book series; it is a journey of exploration, inspiration, and personal growth. We are delighted to have you as a fellow traveler on this path.

With gratitude and warmth,
MS Chadha
Author, Sikhi for Young Hearts Series

Printed in Great Britain
by Amazon